처음책방 필사책_4

박인환 따라쓰기

박인환 지음
김기태 엮음

처음
책방

지은이 **박인환**

박인환(朴寅煥, 1926.8.15.~1956.3.20.)은 1950년대에 주로 활동한 시인입니다. 1926년 강원도 인제군 인제면 상동리에서 출생했습니다. 인제공립보통학교, 서울 덕수공립보통학교, 경기공립중학교, 한성중학교, 명신중학교 등을 다녔습니다. 이후 평양의학전문학교를 다니다가 8·15 광복을 맞으면서 학업을 중단하고 종로 2가 낙원동 입구에 서점 '마리서사(茉莉書舍)'를 개업했습니다. 조선청년문학가협회 시부가 주최한 '예술의 밤'에 참여하여 시「단층」(斷層)을 낭독하고, 이를 예술의 밤 낭독시집인『순수시선』(1946)에 발표함으로써 등단했습니다. 1948년 김경린, 김경희, 김병욱, 임호권과『신시론』을, 1949년 김경린, 김수영, 임호권, 양병식과『새로운 도시와 시민들의 합창』을 발간했으며, 김경린, 김규동, 김차영, 이봉래, 조향 등과 '후반기' 동인으로 활동하기도 했습니다. 1955년 시집『박인환 선시집』을 간행했고, 1956년에 시「세월이 가면」을 발표하고 3월 20일 오후 9시쯤 심장마비로 31세의 젊은 나이에 세상을 떠났습니다. 박인환 사후 20년이 지난 1976년에 시집『목마와 숙녀』가 간행되었습니다.

엮은이 **김기태**

초판본·창간호 전문서점 및 출판사 [처음책방] 대표
세명대학교 미디어콘텐츠창작학과 교수

처음책방 필사책_4

박인환 따라쓰기

2025년 5월 25일 초판 1쇄 발행
지은이·박인환   엮은이 겸 펴낸이·김기태   디자인·안혜선   제작/유통·조전회
펴낸곳·처음책방   신고번호·제407-2024-000007
주소·[17407] 경기도 이천시 진상미로 1523번길 42   전화·070-4141-5566
웹사이트·cheoeumbooks.com
블로그·blog.naver.com/firstbook2024   인스타그램·instagram.com/cheoeum_books
유튜브·youtube.com/@처음책방   이메일·fbi2024@naver.com
ISBN·979-11-991148-3-8 (03810)

좋은 작품을 읽고 따라 쓰는 일의 즐거움

좋은 작품을 읽는다는 것은 세상의 가장 위대한 사람과 대화를 나누는 일이며,
그것을 따라 쓰는 것은 그 위대한 사람의 마음에 내 마음을 보태는 일입니다.
좋은 작품을 읽고 따라 쓰는 일의 즐거움을 그대에게 선사합니다.

이 책을
_____ 님께 드립니다.

박인환 따라쓰기
차례

목마(木馬)와 숙녀(淑女) · 6
세 사람의 가족(家族) · 10
영원한 일요일 · 14
자본가(資本家)에게 · 18
거리 · 22
낙하(落下) · 26
회상(回想)의 긴 계곡 · 30
일곱 개의 층계 · 34
기적(奇蹟)인 현대 · 38
잠을 이루지 못하는 밤 · 40
불행한 신(神) · 46
무도회 · 48
부드러운 목소리로 이야기할 때 · 50
검은 신(神)이여 · 56
살아 있는 것이 있다면 · 58
식물 · 62
식민항(植民港)의 밤 · 64
서정가(抒情歌) · 66

미래의 신부(新婦 – 새로운 신(神)에게 · 68
밤의 노래 · 70
장미의 온도 · 74
나의 생애에 흐르는 시간들 · 76
불행한 샹송 · 80
사랑의 Parabola · 84
벽(壁) · 86
구름 · 90
정신(情神)의 행방을 찾아 · 92
행복(幸福) · 96
센티멘탈 쟈니 · 100
지하실 · 104
태평양에서 · 106
어느 날의 시가 되지 않는 시 · 110
에베레트의 일요일 · 114
수부(水夫)들 · 116
새벽 한 시의 시(詩) · 118
인천항 · 122

어린 딸에게 · 126
한 줄기 눈물도 없이 · 130
검은 강(江) · 134
고향에 가서 · 138
가을의 유혹 · 142

전원(田園) · 146
남풍(南風) · 150
죽은 아포롱 – 이상(李箱) 그가 떠난 날에 · 154
세월이 가면 · 158

■ 김기태의 초판본 이야기 · 160
  시인은 한탄할 그 무엇이 무서워 그렇게 빨리 떠난 것일까?
  – 박인환 시집 / 선시집(選詩集) / 산호장 / 1955년 10월 15일 발행

일러두기
– 여기 수록된 작품들은 그동안 세상에 알려진 박인환의 모든 시 중에서 골랐으며, 별도의 명확한 기준 없이 작품 발표 시기와 작품의 유사성 등을 고려해 배열했습니다.
– 표기법은 최초 발표 당시의 원문을 지키되 원문을 해치지 않는 정도에서 현대 표기로 바꾸기도 했습니다. 다만, 그 뜻이 분명하지 않은 경우에는 원문 그대로 표기했습니다.
– 정확한 뜻을 전달하기 위해 간혹 한자(漢字)를 괄호 안에 넣었습니다.
– 표지는 1955년 산호장 발행 『선시집(選詩集)』을 바탕으로 디자인했습니다.

목마(木馬)와 숙녀(淑女)

한 잔의 술을 마시고
우리는 버지니아 울프의 생애와
목마를 타고 떠난 숙녀의 옷자락을 이야기한다.
목마는 주인을 버리고 그저 방울소리만 울리며
가을 속으로 떠났다 술병에 별이 떨어진다
상심(傷心)한 별은 내 가슴에 가벼웁게 부서진다
그러한 잠시 내가 알던 소녀(少女)는
정원의 초목(草木) 옆에서 자라고
문학이 죽고 인생이 죽고
사랑의 진리마저 애증(愛憎)의 그림자를 버릴 때
목마를 탄 사랑의 사람은 보이지 않는다
세월은 가고 오는 것
한때는 고립(孤立)을 피하여 시들어 가고
이제 우리는 작별하여야 한다
술병이 바람에 쓰러지는 소리를 들으며
늙은 여류작가의 눈을 바라다보아야 한다.

…… 등대(燈臺)에 ……
불이 보이지 않아도
그저 간직한 페시미즘의 미래를 위하여
우리는 처량한 목마 소리를 기억하여야 한다
모든 것이 떠나든 죽든
그저 가슴에 남은 희미한 의식을 붙잡고
우리는 버지니아 울프의 서러운 이야기를 들어야 한다
두 개의 바위 틈을 지나 청춘을 찾은 뱀과 같이
눈을 뜨고 한 잔의 술을 마셔야 한다
인생은 외롭지도 않고
그저 잡지의 표지처럼 통속(通俗)하거늘
한탄할 그 무엇이 무서워서 우리는 떠나는 것일까
목마는 하늘에 있고
방울소리는 귓전에 철렁거리는데
가을바람 소리는
내 쓰러진 술병 속에서 목메어 우는데

세 사람의 가족(家族)

나와 나의 청순한 아내
여름날 순백(純白)한 결혼식이 끝나고
우리는 유행품으로 화려한
상품의 쇼우윈도우를 바라보며 걸었다.

전쟁이 머물고
평온한 지평(地平)에서
모두의 단편적인 기억이
비둘기의 날개처럼 솟아나는 틈을 타서
우리는 내성(內省)과 회한(悔恨)에의 여행을 떠났다.

평범한 수확의 가을
겨울은 백합처럼 향기를 풍기고 온다.
죽은 사람들은 싸늘한 흙 속에 묻히고
우리의 가족은 세 사람.

토르소의 그늘 밑에서
나의 불운한 편력인 일기책이 떨고
그 하나하나의 지면(紙面)은
음울한 회상(回想)의 지대로 날아갔다.

아 창백한 세상과 나의 생애에
종말이 오기 전에
나는 고독한 피로에서
빙화(氷花)처럼 잠들은 지나간 세월을 위해
시를 써 본다.

그러나 창(窓) 밖
암담한 상가(商家)
고통과 구토(嘔吐)가 동결된 밤의 쇼우윈도우
그 곁에는
절망과 기아(飢餓)의 행렬이 밤을 새우고
내일이 온다면
이 정막(靜寞)의 거리에 폭풍이 분다.

: 필사기록   년   월   일

영원한 일요일

날개 없는 여신(女神)이 죽어버린 아침
나는 폭풍에 싸여
주검의 일요일을 올라간다.

파란 의상을 감은 목사(牧師)와
죽어가는 놈의
숨 가쁜 울음을 따라
비탈에서 절름거리며 오는
나의 형제들.
절망과 자유로운
모든 것을……

싸늘한 교외의 사구(砂丘)에서
모진 소낙비에 으끄러지며
자라지 못하는 유용식물(有用植物).

낡은 회귀(回歸)의 공포와 함께
예절처럼 떠나버리는 태양.

수인(囚人)이여
지금은 희미한 철형(凸形)의 시간
오늘은 일요일
너희들은 다행하게도
다음 날에의
비밀을 갖지 못했다.
절름거리며 교회에 모인 사람과
수족(手足)이 완전함에 불구하고
복음(福音)도 기도도 없이
떠나가는 사람과

상풍(傷風)된 사람들이여
영원한 일요일이여

: 필사기록   년   월   일

자본가(資本家)에게

나는 너희들의 마니페스토의 결함을 지적한다.
그리고 모든 자본이 붕괴한 다음
태풍처럼 너희들을 휩쓸어 갈
위험성이
태풍처럼 가까워진다는 것도

옛날 기사(技師)가 도주하였을 때
비행장에 궂은비가 내리고
모두 목메어 부른 노래는
밤의 말로(末路)에 불과하였다.

그러므로 자본가여
새삼스럽게 문명을 말하지 말라.
정신과 함께 태양이 도시를 떠난 오늘
허물어진 인간의 광장에는
비둘기 떼의 시체가 흩어져 있었다.

신작로를 바람처럼 굴러간
기체(機體)의 중추(中樞)는
어두운 외계(外界) 절벽 밑으로 떨어지고
조종자의 얇은 작업복이
하늘의 구름처럼 남아 있었다.

잃어버린 일월(日月)의 선명한 표정들
인간이 죽은 토지에서
타산(打算)치 말라.
문명의 모습이 숨어버린 황량한 밤

성안(成案)은
꿈의 호텔처럼 부서지고
생활과 질서의 신조에서 어긋난
최후의 방랑은 끝났다.

지금 옛날의 촌락을 흘려 버린
슬픈 비는 나린다.

거리

나의 시간에 스코올과 같은 슬픔이 있다
붉은 지붕 밑으로 향수(鄕愁)가 광선을 따라가고
한없이 아름다운 계절이
운하(運河)의 물결에 씻겨 갔다

아무 말도 하지 말고
지나간 날의 동화(童話)를 운율에 맞춰
거리에 화액(花液)을 뿌리자
따뜻한 풀잎은 젊은 너의 탄력같이
밤을 지구 밖으로 끌고 간다

지금 그곳에는 코코아의 시장이 있고
과실처럼 기억만을 아는 너의 음향이 들린다
소년들은 뒷골목을 지나 교회에 몸을 감춘다
아세틸렌 냄새는 내가 가는 곳마다
음영(陰影)같이 따른다

거리는 매일 맥박을 닮아 갔다

베링 해안 같은 나의 마을이

떨어지는 꽃을 그리워한다

황혼처럼 장식한 여인들은 언덕을 지나

바다로 가는 거리를 순백한 식장(式場)으로 만든다

전정(戰庭)의 수목(樹木) 같은 나의 가슴은

베고니아를 끼어안고 기류(氣流) 속을 나온다

망원경으로 보던 천만(千萬)의 미소를 회색 외투에 싸아

얼은 크리스마스의 밤길로 걸어 보내자

낙하(落下)

미끄럼판에서
나는 고독한 아킬레스처럼
불안의 깃발 날리는
땅 위에 떨어졌다.
머리 위의 별을 헤아리면서

그후 20년
나는 운명의 공원 뒷담 밑으로
영속(永續)된 죄의 그림자를 따랐다.
아 영원히 반복되는
미끄럼판의 승강(昇降)
친근(親近)에의 증오와 또한
불행과 비참과 굴욕에의 반항도 잊고
연기 흐르는 쪽으로 달려가면
오욕의 지난날이 나를 더욱 괴롭힐 뿐.

멀리선 회색사면(灰色斜面)과
불안한 밤의 전쟁
인류의 상흔(傷痕)과 고뇌만이 늘고
아무도 인지하지 못할
망각의 이 지상에서
더욱 더욱 가라앉아 간다.

처음 미끄럼판에서
내리달린 쾌감도
미지(未知)의 숲 속을
나의 청춘과 도주하던 시간도
나의 낙하하는
비극의 그늘에 있다.

회상(回想)의 긴 계곡

아름답고 사랑처럼 무한히 슬픈
회상의 긴 계곡
그랜드 쇼우처럼 인간의 운명이 허물어지고
검은 연기여 올라라
검은 환영(幻影)이여 살아라.

안개 내린 시야에
신부(新婦)의 베일인가 가늘은 생명의 연속이
최후의 송가(頌歌)와
불안한 발걸음에 맞추어
어데로인가
황폐한 토지의 외부로 떠나가는데
울음으로써 죽음을 대치하는
수없는 악기들은
고요한 이 계곡에서 더욱 서럽다.

강기슭에서 기약할 것 없이 쓰러지는
하루만의 인생
화려한 욕망
족권(旅券)은 산산이 찢어지고
낙엽처럼 길 위에 떨어지는
캘린더의 향수를 안고
자전거의 소녀여 오늘을 살자.

군인이 피워물던
물부리와 검은 연기의 인상(印象)과
위기에 가득 찬 세계의 변경
이 회상의 긴 계곡 속에서도
열을 지어 죽음의 비탈을 지나는
서럽고 또한 환상에 속은
어리석은 영원한 순교자
우리들.

일곱 개의 층계

가만히 눈을 감고 생각하니
지난 하루하루가 무서웠다.
무엇이나 거리낌없이 말했고
아무에게도 협의해 본 일이 없던
불행한 연대였다.

비가 줄줄 내리는 새벽
바로 그때이다
죽어간 청춘이
땅속에서 솟아나오는 것이……
그러나 나는 뛰어들어
서슴없이 어깨를 거느리고
악수한 채 피 묻은 손목으로
우리는 암담한 일곱 개의 층계를 내려갔다.

「인간(人間)의 조건」의 앙드레 말로
「아름다운 지구(地區)」의 아라공
모두들 나와 허물없던 우인(友人)

황혼이면 피곤한 육체로 우리의 개념이 즐거이 이름 불렀던
「정신과 관련의 호텔」에서
말로는 이 빠진 정부(情婦)와 아라공은 절름발이 사상(思想)과
나는 이들을 응시하면서……
이러한 바람의 낮과 애욕(愛慾)의 밤이
회상의 사진처럼 부질하게 내 눈앞에 오고 간다.

또 다른 그날 가로수 그늘에서 울던 아이는
옛날 강가에 내가 버린 영아(嬰兒)
쓰러지는 건물 아래 슬픔에 죽어가던 소녀도
오늘 환상처럼 살았다.
이름이 무엇인지 나라를 애태우는지
분별할 의식조차 내게는 없다.
시달림과 증오의 육지 패배의 폭풍을 뚫고
나의 영원한 작별의 노래가 안개 속에 울리고
지난날의 무거운 회상을 더듬으며
벽에 귀를 기대면
머나먼 운명의 도시 한복판 희미한 달을 바라
울며 울며 일곱 개의 층계를 오르는
그 아이의 방향은 어데인가.

기적(奇蹟)인 현대

장미는 강가에 핀 나의 이름
집집 굴뚝에서 솟아나는 문명(文明)의 안개
〈시인(詩人)〉 가엾은 곤충이여
나의 울음이 도시에 들린다.

오래도록 네 욕망은 사라진 회화(繪畫)
무성한 잡초원(雜草園)에서
환영(幻影)과 애정과 비벼대던
그 연대(年代)의 이름도 허망한 어젯밤 버러지.

사랑은 조각(彫刻)에 나타난 추억
이녕(泥濘)과 작별의 여로(旅路)에서
기대었던 수목(樹木)은 썩어지고
전신(電信)처럼 가벼웁고 재빠른 불안한 속력은 어데서 오나.

침묵의 공포와 눈짓하던
그 무렵의 나의 운명은
기적인 동양의 하늘을 헤매고 있다.

: 필사기록   년   월   일

잠을 이루지 못하는 밤

넓고 개체(個體) 많은 토지에서
나는 더욱 고독하였다.
힘없이 집에 돌아오면 세 사람의 가족이
나를 쳐다보았다. 그러나
나는 차디찬 벽에 붙어 회상에 잠긴다.

전쟁 때문에 나의 재산과 친우(親友)가 떠났다.
인간의 이지(理知)를 위한 서적 그것은 잿더미가 되고
지난날의 영광도 날아가 버렸다.
그렇게 다정했던 친우도 서로 갈라지고
간혹 이름을 불러도 울림조차 없다.
오늘도 비행기의 폭음이 귀에 잠겨
잠이 오지 않는다.

잠을 이루지 못하는 밤을 위해 시(詩)를 읽으면
공백(空白)한 종이 위에
그의 부드럽고 원만하던 얼굴이 환상(幻像)처럼 어린다.
미래에의 기약도 없이 흩어진 친우는
공산주의자에게 납치되었다.
그는 사자(死者)만이 갖는 속도로
고뇌의 세계에서 탈주하였으리라.

정의(正義)의 전쟁은 나로 하여금 잠을 깨운다.
오래도록 나는 망각의 피안(彼岸)에서 술을 마셨다.
하루하루가 나에게 있어서는
비참한 축제이었다.

그러나 부단한 자유의 이름으로서
우리의 뜰 앞에서 벌어진 싸움을 통찰할 때
나는 내 출발이 늦은 것을 고(告)한다.

나의 재산…… 이것은 부스러기
나의 생명…… 이것도 부스러기
아 파멸한다는 것이 얼마나 위대한 일이냐.

마음은 옛과는 다르다. 그러나
내게 달린 가족을 위해 나는 참으로 비겁하다.
그에게 나는 왜 머리를 숙이며 왜 떠드는 것일까.
나는 나의 말로를 바라본다.
그리하여 나는 혼자서 운다.
이 넓고 개체 많은 토지에서
나만이 지각(遲刻)이다.
언제 죽을지도 모르는 나는
생(生)에 한없는 애착을 갖는다.

불행한 신(神)

오늘 나는 모든 욕망과 사물에 작별하였습니다.
그래서 더욱 친한 죽음과 가까워집니다.
과거는 무수한 내일에 잠이 들었습니다.
불행한 신
어데서나 나와 함께 사는 불행한 신
당신은 나와 단둘이서
얼굴을 비벼대고 비밀을 터놓고
오해나 인간의 체험이나 고절(孤絶)된 의식에
후회하지 않을 겁니다.
또다시 우리는 결속되었습니다.
황제의 신하처럼 우리는 죽음을 약속합니다.
지금 저 광장의 전주(電柱)처럼 우리는 존재됩니다.
쉴새없이 내 귀에 울려 오는 것은 불행한 신
당신이 부르시는 폭풍입니다.
그러나 허망한 천지(天地) 사이를
내가 있고 엄연히 주검이 가로놓이고
불행한 당신이 있으므로
나는 최후의 안정을 즐깁니다.

무도회

연기와 여자들 틈에 끼어
나는 무도회에 나갔다.

밤이 새도록 나는 광란의 춤을 추었다.
어떤 시체(屍體)를 안고.

황제는 불안한 샹들리에와 함께 있었고
모든 물체는 회전하였다.

눈을 뜨니 운하(運河)는 흘렀다.
술보다 더욱 진한 피가 흘렀다.

이 시간 전쟁은 나와 관련이 없다.
광란된 의식과 불모(不毛)의 육체…… 그리고
일방적인 대화로 충만된 나의 무도회.
나는 더욱 밤 속에 가랁아 간다. 석고(石膏)의 여자를 힘있게 껴안고

새벽에 돌아가는 길 나는 내 친우가
전사(戰死)한 통지를 받았다.

부드러운 목소리로 이야기할 때

나는 언제나 샘물처럼 흐르는
그러한 인생의 복판에 서서
전쟁이나 금전이나 나를 괴롭히는 물상(物象)과
부드러운 목소리로 이야기할 때
한줄기 소낙비는 나의 얼굴을 적신다.

진정코 내가 바라던 하늘과 그 계절은
푸르고 맑은 내 가슴을 눈물로 스치고
한때 청춘과 바꾼 반항도
이젠 서적처럼 불타 버렸다.

가고 오는 그러한 제상(諸相)과 평범 속에서
술과 어지러움을 한(恨)하는 나는
어느 해 여름처럼 공포에 시달려
지금은 하염없이 죽는다.

사라진 일체의 나의 애욕(愛慾)아
지금 형태도 없이 정신을 잃고
이 쓸쓸한 들판
아니 이즈러진 길목 처마 끝에서
부드러운 목소리로 이야기한들
우리들 또다시 살아나갈 것인가.

정막처럼 잔잔한 그러한 인생의 복판에 서서
여러 남녀와 군인과 또는 학생과
이처럼 쇠퇴한 철없는 시인이
불안이다 또는 황폐롭다
부드러운 목소리로 이야기한들
광막한 나와 그대들의 기나긴 종말의 노정은
예나 지금이나 변함없노라.

오 난해한 세계 복잡한 생활 속에서
이처럼 알기 쉬운 몇 줄의 시와
말라 버린 나의 쓰디쓴 기억을 위하여
전쟁이나 사나운 애정을 잊고
넓고도 간혹 좁은 인간의 단상에 서서
내가 부드러운 목소리로 이야기할 때
우리는 서로 만난 것을 탓할 것인가
우리는 서로 헤어질 것을 원할 것인가.

검은 신(神)이여

저 묘지(墓地)에서 우는 사람은 누구입니까.
저 파괴된 건물에서 나오는 사람은 누구입니까.
검은 바다에서 연기처럼 꺼진 것은 무엇입니까.
인간의 내부에서 사멸(死滅)된 것은 무엇입니까.
1년이 끝나고 그 다음에 시작되는 것은 무엇입니까.
전쟁이 뺏아간 나의 친우(親友)는 어데서 만날 수 있습니까.
슬픔 대신에 나에게 죽음을 주시오.
인간을 대신하여 세상을 풍설(風雪)로 뒤덮어 주시오.
건물과 창백한 묘지 있던 자리에
꽃이 피지 않도록.
하루의 1년의 전쟁의 처참한 추억은
검은 신이여
그것은 당신의 주제(主題)일 것입니다.

살아 있는 것이 있다면

> 현재의 시간과 과거의 시간은
> 거의 모두가 미래의 시간 속에 나타난다.
> (T.S. 엘리어트)

살아 있는 것이 있다면
그것은 나와 우리들의 죽음보다도
더한 냉혹하고 절실한
회상과 체험일지도 모른다

살아 있는 것이 있다면
여러 차례의 살육에 복종한 생명보다도
더한 복수와 고독을 아는
고뇌와 저항일지도 모른다.

한 걸음 한 걸음 나는 허물어지는
정적(靜寂)과 초연(硝煙)의 도시 그 암흑 속으로……
명상과 또다시 오지 않을 영원한 내일로……
살아 있는 것이 있다면

유형(流刑)의 애인처럼 손잡기 위하여
이미 소멸된 청춘의 반역을 회상하면서
회의(懷疑)와 불안만이 다정스러운
모멸의 오늘을 살아나간다.

…… 아 최후로 이 성자(聖者)의 세계에
살아 있는 것이 있다면 분명히
그것은 속죄의 회화(繪畵) 속의 나녀(裸女)와
회상도 고뇌도 이제는 망령에게 팔은
철없는 시인(詩人)
나의 눈감지 못한
단순한 상태의 시체일 것이다……

식물

태양은 모든 식물에게 인사한다.

식물은 24시간 행복하였다.

식물 위에 여자가 앉았고
여자는 반역한 환영을 생각했다.

향기로운 식물의 바람이 도시에 분다.

모두들 창을 열고 태양에게 인사한다.

식물은 24시간 잠들지 못했다.

식민항(植民港)의 밤

향연의 밤
영사(領事) 부인에게 아시아의 전설을 말했다.

자동차도 인력거도 정거(停車)되었으므로
신성(神聖)한 땅 위를 나는 걸었다.

은행 지배인이 동반한 꽃 파는 소녀
그는 일찍이 자기의 몸값보다
꽃값이 비쌌다는 것을 안다.

육전대(陸戰隊)의 연주회를 듣고 오던 주민은
적개심으로 식민지의 애가를 불렀다.

삼각주(三角洲)의 달빛
백주(白晝)의 유혈을 밟으며 찬 해풍(海風)이 나의 얼굴을
적신다.

서정가(抒情歌)

실신(失神)한 듯이 목욕하는 청년

꿈에 본 〈조셉 베르네〉의 바다

반(半)연체동물의 울음이 들린다

사나토리움에 모여든 숙녀들

사랑하는 여자는 층계에서 내려온다

〈니사미〉의 시집(詩集)보다도 비장한 이야기

냅킨이 가벼운 인사를 하고

성하(盛夏)의 낙엽은 내 가슴을 덮는다

: 필사기록　　　　년　　　월　　　일

미래의 신부(新婦)
— 새로운 신(神)에게

여윈 목소리로 바람과 함께
우리는 내일을 약속하지 않는다.
승객이 사라진 열차 안에서
오 그대 미래의 신부여
너의 희망은 나의 오해와 감흥(感興)만이다.

전쟁이 머물은 정원에 설레이며 다가드는
불운한 편력의 사람들 그 속에 나의 청춘이 자고
절망이 살던
오 그대 미래의 창부(娼婦)여
너의 욕망은 나의 질투와 발광(發狂)만이다.

향기 짙은 젖가슴을 총알로 구멍내고
암흑의 지도, 고절(孤絶)된 치마 끝을
피와 눈물과 최후의 생명으로 이끌며
오 그대 미래의 창부여
너의 목표는 나의 무덤인가.
너의 종말도 영원한 과거인가.

밤의 노래

정막(靜寞)한 가운데
인광(燐光)처럼 비치는 무수한 눈
암흑의 지평(地平)은
자유에의 경계를 만든다.

사랑은 주검의 사면(斜面)으로 달리고
취약하게 조직된
나의 내면(內面)은
지금은 고독한 술병.

밤은 이 어두운 밤은
안테나로 형성되었다.
구름과 감정의 경위도(經緯度)에서
나는 영원히 약속될
미래에의 절망에 관하여 이야기도 하였다.

또한 끝없이 들려오는 불안한 파장(波長)
내가 아는 단어와
나의 평범한 의식은
밝아올 날의 영역으로
위태롭게 인접되어 간다.

가느다란 노래도 없이
길목에선 갈대가 죽고
우거진 이신(異神)의 날개들이
깊은 밤
저 기아(飢餓)의 별을 향하여 작별한다.

고막을 깨뜨릴 듯이
달려오는 전파(電波)
그것이 가끔 교회의 종소리에 합쳐
선을 그리며
내 가슴은 운석(隕石)에 가랁아 버린다.

장미의 온도

나신(裸身)과 같은 흰 구름이 흐르는 밤
실험실 창밖
과실의 생명은
화폐모양 권태하고 있다.
밤은 깊어 가고
나의 찢어진 애욕(愛慾)은
수목이 방탕(放蕩)하는 포도(鋪道)에 질주한다

나팔 소리도 폭풍의 부감(俯瞰)도
화판(花瓣)의 모습을 찾으며
무장한 거리를 헤맸다.

태양이 추억을 품고
암벽(岩壁)을 지나던 아침
요리의 위대한 평범을
Close-up한 원시림의
장미의 온도

나의 생애에 흐르는 시간들

나의 생애에 흐르는 시간들
가느다란 1년의 안젤루스

어두워지면 길목에서 울었다
사랑하는 사람과

숲 속에서 들리는 목소리
그의 얼굴은 죽은 시인이었다

늙은 언덕 밑
피로한 계절과 부서진 악기

모이면 지낸 날을 이야기한다
누구나 저만이 슬프다고

가난을 등지고 노래도 잃은
안개 속으로 들어간 사람아

이렇게 맑은 밤이면
빛나는 수목이 그립다

바람이 찾아와 문은 열리고
찬 눈은 가슴에 떨어진다

힘없이 반항하던 나는
겨울이라 떠나지 못하겠다

밤새우는 가로등
무엇을 기다리나

나도 서 있다
무한한 과실(果實)만 먹고

: 필사기록　　　년　　월　　일

불행한 샹송

산업은행 유리창 밑으로
대륙의 시민이 푸롬나아드하던 지난해 겨울
전쟁을 피해온 여인은
총소리가 들리지 않는 과거로
수태(受胎)하며 뛰어다녔다.

폭풍의 뮤즈는 등화관제 속에
고요히 잠들고
이 밤 대륙은 한 개 과실처럼
대리석 위에 떨어졌다.

짓밟힌 나의 우월감이여
시민들은 한 사람 한 사람이 〈데모스테네스〉
정치의 연출가는 도망한
아를르캉을 찾으러 돌아다닌다.

시장(市長)의 조마사(調馬師)는
밤에 가장 가까운 저녁때
웅계(雄鷄)가 노래하는 블루스에 화합(化合)되어
평행면체(平行面體)의 도시계획을
코스모스가 피는 한촌(寒村)으로 안내하였다.

의상점(衣裳店)에 신화(神化)한 마네킹
저 기적은 Express for Mukden
마로니에는 창공에 동결되고
기적처럼 사라지는 여인의 그림자는
재스민의 향기를 남겨주었다.

사랑의 Parabola

어제의 날개는 망각 속으로 갔다.
부드러운 소리로 창을 두들기는 햇빛
바람과 공포를 넘고 밤에서 맨발로 오는 오늘의 사람아

떨리는 손으로 안개 낀 시간을 나는 지켰다.
희미한 등불을 던지고 열지 못할 가슴의 문을 부쉈다.

새벽처럼 지금 행복하다.
주위의 혈액은 살아 있는 인간의 진실로 흐르고
감정의 운하(運河)로 표류하던 나의 그림자는 지나간다.

내 사랑아
너는 찬 기후에서 긴 행로를 시작했다. 그러므로
폭풍우도 서슴지 않고 참혹마저 무섭지 않다.

짧은 하루 허나 너와 나의 사랑의 포물선은
권력 없는 지구(地球) 끝으로
오늘의 위치의 연장선이 노래의 형식처럼 내일로
자유로운 내일로……

벽(壁)

그것은 분명히 어제의 것이다.
나와는 관련이 없는 것이다.
우리들이 헤어질 때에
그것은 너무도 무정하였다.

하루종일 나는 그것과 만난다.
피하면 피할수록
더욱 접근하는 것
그것은 너무도 불길(不吉)을 상징하고 있다.
옛날 그 위에 명화(名畵)가 그려졌다 하여
즐거워하던 예술가들은
모조리 죽었다.

지금 거기엔 파리와
아무도 읽지 않고
아무도 바라보지 않는
격문(檄文)과 정치 포스터가 붙어 있을 뿐
나와는 아무 인연이 없다.

그것은 감성(感性)도 이성(理性)도 잃은
멸망의 그림자
그것은 문명(文明)과 진화(進化)를 장해(障害)하는
사탄의 사도(使徒)
나는 그것이 보기 싫다.
그것이 밤낮으로
나를 가로막기 때문에
나는 한 점의 피도 없이
말라 버리고
여왕이 부르시는 노래와
나의 이름도 듣지 못한다.

구름

어린 생각이 부서진 하늘에
어머니구름 작은 구름들이
사나운 바람을 벗어난다

밤비는 구름의 층계를 뛰어내려
우리에게 봄을 알려 주고
모든 것이 생명을 찾았을 때
달빛은 구름 사이로 지상의 행복을 빌어 주었다
새벽문을 여니 안개보다 따스한 호흡으로
나를 안아 주던 구름이여
시간은 흘러가 네 모습은 또다시 하늘에
어느 곳에서도 바라볼 수 있는 우리의 전형
서로 손잡고 모이면 크게 한 몸이 되어
산다는 괴로움으로 흘러가는 구름
그러나 자유 속에서
아름다운 석양 옆에서
헤매는 것이 얼마나 좋으니

정신(情神)의 행방을 찾아

선량한 우리의 조상은
투르키스탄 광막한 평지에서
근대정신을 발생시켰다.
그러므로 폭풍 속의 인류들이여
홍적세기(洪積世紀)의 자유롭던 수륙분포(水陸分布)를
오늘의 문명 불모(不毛)의 지구와 평가할 때
우리가 보유하여 온 순수한 객관성은 가치가 없다.

중화민국 광서성(廣西省) 북경 근교
자바(피테칸트로푸스)를 가리켜
전란과 망각의 토지라 함이
인류의 고뇌를 지적할 수 있는 것이다.
미래에의 수목처럼 기억에 의지되어 세월을 등지고
육체와 노예 —
어제도 오늘도 전지(戰地)에서 사라진 사고(思考)의 비극

영원의 바다로 밀려간 반란의 눈물
화산처럼 열을 토하는 지구의 시민
냉혹한 자본의 권한에 시달려
또다시 자유 정신의 행방을 찾아
추방, 기아(飢餓)
오 한없이 이동하는 운명의 순교자
사랑하는 사람의 의상(衣裳)마저
이미 생명의 외접선(外接線)에서 폭풍에 날아갔다.

온 세상에 피의 비와 종소리가 그칠 때
시끄러운 시대는 어데로 가나
강렬한 싸움 속에서
자유와 민족이 이지러지고
모든 건축과 원시(原始)의 평화는
새로운 증오에 쓰러져 간다.
아 오늘날 모든 시민은
정막(靜寞)한 생명의 존속을 지킬 뿐이다.

행복(幸福)

노인은 육지에서 살았다.
하늘을 바라보며 담배를 피우고
시들은 풀잎에 앉아
손금도 보았다.
차 한 잔을 마시고
정사(情死)한 여자의 이야기를
신문에서 읽을 때
비둘기는 지붕 위에서 훨훨 날았다.
노인은 한숨도 쉬지 않고
더욱 아무것도 바라지 않으며
성서(聖書)를 외우고 불을 끈다.
그는 행복이라는 것을 말하지 않았다.
거저 고요히 잠드는 것이다.

노인은 꿈을 꾼다.
여러 친구와 술을 나누고
그들이 죽음의 길을 바라보던 전날을.
노인은 입술에 미소를 띄우고
쓰디쓴 감정을 억제할 수가 있다.
그는 지금의 어떠한 순간도
증오할 수가 없었다.
노인은 죽음을 원하기 전에
옛날이 더욱 영원한 것처럼 생각되며
자기와 가까이 있는 것이
멀어져 가는 것을
분간할 수가 있었다.

: 필사기록　　　년　　월　　일

센티멘탈 쟈니

주말여행
엽서…… 낙엽
낡은 유행가의 설움에 맞추어
피폐한 소설을 읽던 소녀

이태백의 달은
울고 떠나고
너는 벽화에 기대어
담배를 피우는 숙녀

카프리 섬의 원정(園丁)
파이프의 향기를 날려 보내라
이브는 내 마음에 살고
나는 그림자를 잡는다

세월은 관념
독서는 위장(僞裝)
그저 죽기 싫은 예술가

오늘도 가고 또 하루가 온들
도시에 분수는 시들고
어제와 지금의 사람은
천상유사(天上有事)를 모른다

술을 마시면 즐겁고
비가 내리면 서럽고
분별(分別)이여 구분(區分)이여

수목(樹木)은 외롭다
혼자 길을 가는 여자와 같이
정다운 것은 죽고
다리 아래 강은 흐른다

지금 수목에서 떨어지는 엽서
긴 사연은 구름에 걸린 달 속에 묻히고
우리들은 여행을 떠난다
주말여행 별말씀
거저 옛날로 가는 것이다
아 센티멘탈 쟈니
센티멘탈 쟈니

지하실

황갈색 계단을 내려와 모인 사람은
도시의 지평에서 싸우고 왔다

눈앞에 어리는 푸른 시그널
그러나 떠날 수 없고
모두들 선명한 기억 속에 잠든다
달빛 아래 우물을 푸던 사람도
지하의 비밀은 알지 못했다.

이미 밤은 기울어져 가고
하늘엔 청춘이 부서져
에머랄드의 불빛이 흐른다

겨울의 새벽이여
너에게도 지열과 같은 따스함이 있다면
우리의 이름을 불러라

아직 바람과 같은 속력이 있고
투명한 감각이 좋다

태평양에서

갈매기와 하나의 물체
〈고독〉
연월도 없고 태양도 차갑다.
나는 아무 욕망도 갖지 않겠다.
더욱이 낭만과 정서는
저기 부서지는 거품 속에 있어라.
죽어간 자의 표정처럼
무겁고 침울한 파도 그것이 노(怒)할 때
나는 살아 있는 자라고 외칠 수 없었다.
그저 의지의 믿음만을 위하여
심유(深幽)한 바다 위를 흘러가는 것이다.

태평양에 안개가 끼고 비가 내릴 때
검은 날개에 검은 입술을 가진
갈매기들이 나의 가까운 시야에서 나를 조롱한다.
〈환상〉
나는 남아 있는 것과
잃어버린 것과의 비례를 모른다.

옛날 불안을 이야기했었을 때
이 바다에선 포함(砲艦)이 가라앉고
수십만의 인간이 죽었다.
어둠침침한 조용한 바다에서 모든 것은 잠이 들었다.
그렇다. 나는 지금 무엇을 의식하고 있는가?
단지 살아 있다는 것만으로서.

바람이 분다.
마음대로 불어라. 나는 데키에 매달려
기념이라고 담배를 피운다.
무한한 고독. 저 연기는 어디로 가나.

밤이여 무한한 하늘과 물과 그 사이에
나를 잠들게 해라.

어느 날의 시가 되지 않는 시

당신은 일본인이지요?
차이니이즈? 하고 물을 때
나는 불쾌하게 웃었다.
거품이 많은 술을 마시면서
나도 물었다.
당신은 아메리카 시민입니까?
나는 거짓말 같은 낡아빠진 역사와
우리 민족과 말이 단일하다는 것을
자랑스럽게 말했다.
황혼.
타아반 구석에서 흑인은 구두를 닦고
거리의 소년이 즐겁게 담배를 피우고 있다.

여우(女優) 가르보의 전기(傳記) 책이 놓여 있고
그 옆에는 디텍티브 스토리가 쌓여 있는
서점의 쇼우윈도우
손님이 많은 가게 안을 나는 들어가지 않았다.

비가 내린다.
내 모자 위에 중량이 없는 억압이 있다.
그래서 뒷길을 걸으며
서울로 빨리 가고 싶다고
센티멘탈한 소리를 한다.
(에베레트[1]에서)

---

[1] 에버렛(Everett). 미국 워싱턴주의 도시.

에베레트의 일요일

분란인(芬蘭人)[2] 미스터 몬은
자동차를 타고 나를 데리러 왔다.
에베레트의 일요일
와이셔츠도 없이 나는 한국 노래를 했다.
거저 쓸쓸하게 가냘프게 노래를 부르면 된다.
……파파 러브스 맘보……
춤을 추는 돈나
개와 함께 어울려 호숫가를 걷는다.

텔레비전도 처음 보고 칼로리가 없는 맥주도 처음 마시는
마음만의 신사
즐거운 일인지 또는 슬픈 일인지
여기서 말해 주는 사람은 없다.

석양(夕陽). 낭만을 연상케 하는 시간.
미칠 듯이 고향 생각이 난다.

그래서 몬과 나는 이야기할 것이 없었다 이젠
헤져야 된다.

---

[2] 핀란드 사람.

수부(水夫)들

수부들은 갑판에서
갈매기와 이야기한다
……너희들은 어데서 왔니……
화란(和蘭) 성냥으로 담배를 붙이고
싱가폴 밤거리의 여자
지금도 생각이 난다
동상(銅像)처럼 서서 부두에서 기다리겠다는
얼굴이 까만 입술이 짙은 여자
파도여 꿈과 같이 부서지라
헤아릴 수 없는 순백한 밤이면
하모니카 소리도 처량하고나
포틀랜드 좋은 고장 술집이 많아
크레용 칠한 듯이 네온이 밝은 밤
아리랑 소리나 한번 해보자

(포틀랜드에서…… 이 시는 겨우 우리말을 쓸 수 있는
어떤 수부의 것을 내 이미지로 고쳤다.)

새벽 한 시의 시(詩)

대낮보다도 눈부신
포틀랜드의 밤거리에
단조로운 그렌 미이라의 랍소디가 들린다.
쇼우윈도우에서 울고 있는 마네킨.

앞으로 남지 않은 나의 잠시(暫時)를 위하여
기념이라고 진 피이즈를 마시면
녹슬은 가슴과 뇌수에 차디찬 비가 내린다.

나는 돌아가도 친구들에게 얘기할 것이 없구나
유리로 만든 인간의 묘지와
벽돌과 콘크리트 속에 있던
도시의 계곡에서
흐느껴 울었다는 것 외에는…….

천사처럼
나를 매혹시키는 허영의 네온.
너에게는 안구(眼球)가 없고 정서(情抒)가 없다.
여기선 인간이 생명을 노래하지 않고
침울한 상념만이 나를 구한다.

바람에 날려온 먼지와 같이
이 이국의 땅에선 나는 하나의 미생물이다.
아니 나는 바람에 날려와
새벽 한 시 기묘한 의식으로
그래도 좋았던
부식된 과거로
돌아가는 것이다.

인천항

사진잡지에서 본 향항(香港) 야경(夜景)을 기억하고 있다
그리고 중일전쟁 때
상해부두(上海埠頭)를 슬퍼했다

서울에서 삼십 킬로를 떨어진 곳에
모든 해안선과 공통되어 있는 인천항이 있다

가난한 조선의 프로필을
여실히 표현한 인천 항구에는
상관(商館)도 없고
영사관(領事館)도 없다

따뜻한 황해(黃海)의 바람이
생활의 도움이 되고자
냅킨 같은 만내(灣內)에 뛰어들었다

해외에서 동포들이 고국을 찾아들 때
그들이 처음 상륙한 곳이 인천 항구이다

그러나 날이 갈수록

은주(銀酒)와 아편과 호콩이 밀선(密船)에 실려오고

태평양을 건너 무역풍을 탄 칠면조가

인천항으로 나침(羅針)을 돌렸다

서울에서 모여든 모리배(謀利輩)는

중국서 온 헐벗은 동포의 보따리같이

화폐의 큰 뭉치를 등지고

황혼의 부두를 방황했다

밤이 가까울수록

성조기가 퍼덕이는 숙사(宿舍)와

주둔소(駐屯所)의 네온사인은 붉고

정크의 불빛은 푸르며

마치 유니언잭이 날리던

식민지 향항(香港)의 야경을 닮아간다

조선의 해항(海港) 인천의 부두가

중일전쟁 때 일본이 지배했던

상해의 밤을 소리 없이 닮아간다

어린 딸에게

기총(機銃)과 포성(砲聲)의 요란함을 받아 가면서
너는 세상에 태어났다 주검의 세계로
그리하여 너는 잘 울지도 못하고 힘없이 자란다.

엄마는 너를 껴안고 3개월간에
일곱 번이나 이사를 했다.

서울에 피와 비와 눈바람이 섞여 추위가 닥쳐오던 날
너는 입은 옷도 없이 벌거숭이로
화차(貨車) 위 별을 헤아리면서 남으로 왔다.

나의 어린 딸이여 고통스러워도 애소(哀訴)도 없이
그대로 젖만 먹고 웃으며 자라는 너는
무엇을 그리우느냐.

너의 호수처럼 푸른 눈
지금 멀리 적을 격멸하러 바늘처럼 가느다란
기계는 간다. 그러나 그림자는 없다.

엄마는 전쟁이 끝나면 너를 호강시킨다 하나
언제 전쟁이 끝날 것이며
나의 어린 딸이여 너는 언제까지나
행복할 것인가.

전쟁이 끝나면 너는 더욱 자라고
우리들이 서울에 남은 집에 돌아갈 적에
너는 네가 어데서 태어났는지도 모르는
그런 계집애.

나의 어린 딸이여
너의 고향과 너의 나라가 어데 있느냐.
그때까지 너에게 알려 줄 사람이
살아 있을 것인가.

: 필사기록   년   월   일

한 줄기 눈물도 없이

음산한 잡초가 무성한 들판에
용사가 누워 있었다.
구름 속에 장미가 피고
비둘기는 야전병원 지붕 위에서 울었다.

존엄한 죽음을 기다리는
용사가 대열을 지어
전선(戰線)으로 나가는 뜨거운 구두 소리를 듣는다.
아 창문을 닫으시오.

고지탈환전(高地奪還戰)
제트기 박격포 수류탄
어머니! 마지막 그가 부를 때
하늘에서 비가 내리기 시작했다.

옛날은 화려한 그림책
한 장 한 장마다 그리운 이야기
만세소리도 없이 떠나
흰 붕대에 감겨
그는 남모르는 토지에서 죽는다.

한 줄기 눈물도 없이
인간이라는 이름으로서
그는 피와 청춘을
자유를 위해 바쳤다.
음산한 잡초가 무성한 들판엔
지금 찾아오는 사람도 없다.

검은 강(江)

신(神)이란 이름으로서
우리는 최종의 노정(路程)을 찾아보았다.

어느 날 역전에서 들려오는
군대의 합창을 귀에 받으며
우리는 죽으러 가는 자(者)와는
반대 방향의 열차에 앉아
정욕처럼 피폐한 소설에 눈을 흘겼다.

지금 바람처럼 교차하는 지대(地帶)
거기엔 일체의 불순한 욕망이 반사되고
농부의 아들은 표정도 없이
폭음과 초연(硝煙)이 가득 찬
생(生)과 사(死)의 경지에 떠난다.

달은 정막(靜寞)보다도 더욱 처량하다.
멀리 우리의 시선을 집중한
인간의 피로 이룬
자유의 성채(城砦)
그것은 우리와 같이 퇴각하는 자와는 관련이 없었다.

신이란 이름으로서
우리는 저 달 속에
암담한 검은 강이 흐르는 것을 보았다.

고향에 가서

갈대만이 한없이 무성한 토지(土地)가
지금은 내 고향.

산과 강물은 어느 날의 회화(繪畫)
피 묻은 전신주 위에
태극기 또는 작업모가 걸렸다.
학교도 군청도 내 집도
무수한 포탄의 작열과 함께
세상엔 없다.

인간이 사라진 고독한 신의 토지
거기 나는 동상처럼 서 있었다.
내 귓전엔 싸늘한 바람이 설레고
그림자는 망령과도 같이 무섭다.

어려서 그땐 확실히 평화로웠다.
운동장을 뛰어다니며
미래와 살던 나의 내 동무들은
지금은 없고
연기 한 줄기 나지 않는다.

황혼 속으로
감상 속으로
차는 달린다.
가슴 속에 흐느끼는 갈대의 소리
그것은 비참한 합창과도 같다.

밝은 달빛
은하수와 토끼
고향은 어려서 노래 부르던
그것뿐이다.

비 내리는 사경(斜傾)의 십자가와
아메리카 공병(工兵)이
나에게 손짓을 해 준다.

가을의 유혹

가을은 내 마음에
유혹의 길을 가리킨다
숙녀들과 바람의 이야기를 하면
가을은 다정한 피리를 불면서
회상(回想)의 풍경을 지나가는 것이다

전쟁이 길게 머물은 서울의 노대(露臺)에서
나는 모딜리아니의 화첩을 뒤적거리며
정막한 하나의 생애의 한시름을
찾아보는 것이다
그러한 순간
가을은 청춘의 그림자처럼 또는
낙엽모양 나의 발목을 끌고
즐겁고 어두운 사념(思念)의 세계로 가는 것이다

즐겁고 어두운 가을의 이야기를 할 때
목메인 소리로 나는 사랑의 말을 한다
그것은 폐원(廢園)에 있던 벤치에 앉아
고갈된 분수를 바라보며
지금은 죽은 소녀의 팔목을 잡고 있던 것과 같이
쓸쓸한 옛날의 일이며
여름은 느리고 인생은 가고
가을은 또다시 오는 것이다

회색 양복과 목관 악기는 어울리지 않는다
그저 목을 늘어뜨리고
눈을 감으면
가을의 유혹은 나로 하여금 잊을 수 없는
사랑의 사람으로 한다
눈물 젖은 눈동자로 앞을 바라보면
인간이 매몰될 낙엽이
바람에 날리어 나의 주변을 휘돌고 있다

전원(田園)

I
홀로 새우는 밤이었다.
지난 시인의 걸어온 길을 나의 꿈길에서 부딪혀 본다.
적막한 곳엔 살 수 없고
겨울이면 눈이 쌓일 것이 걱정이다.
시간이 갈수록 바람은 모여들고
한칸 방은 잘 자리도 없이 좁아진다.
밖에는 우수수 낙엽 소리에 나의 몸은 점점 무거워진다.

II
풍토(風土)의 냄새를 산마루에서 지킨다.
내 가슴보다도 더욱 쓰라린
늙은 농촌의 황혼
언제부터 시작되고 언제 그치는 나의 슬픔인가.
지금 쳐다보기도 싫은 기울어져 가는 만하(晚夏)
전선 위에서 제비들은 바람처럼
나에게 작별한다.

III

찾아든 고독 속에서

가까이 들리는 바람 소리를 사랑하다.

창을 부수는 듯 별들이 보였다.

7월의 저무는 전원

시인이 죽고

괴로운 세월은 어데론지 떠났다.

비 나리면 떠난 친구의 목소리가

강물보다도 내 귀에 서늘하게 들리고

여름의 호흡이 쉴새없이 눈앞으로 지낸다.

IV

절름발이 내 어머니는

삭풍에 쓰러진 고목 옆에서 나를 불렀다.

얼마 지나 부서진 추억을 안고

염소처럼 나는 울었다.

마차(馬車)가 넘어간 언덕에 앉아

지평에서 걸어오는 옛사람들의 모습을 본다.

생각이 타오르는 연기는 마을을 덮는다.

남풍(南風)

거북이처럼 괴로운 세월이
바다에서 올라온다

일찍이 의복을 빼앗긴 토민(土民)
태양 없는 말레이
너의 사랑이 백인(白人)의 고무원(園)에서
재스민[素馨]처럼 곱게 시들어졌다

민족의 운명이
쿠멜 신(神)의 영광과 함께 사는
앙코르 와트의 나라
월남인민군(越南人民軍)
멀리 이 땅에서도 들려오는
너희들의 항쟁의 총소리

가슴 부서질 듯 남풍이 분다
계절이 바뀌면 태풍은 온다

아세아 모든 위도(緯度)
잠든 사람이여
귀를 기울여라

눈을 뜨면
남방(南方)의 향기가
가난한 가슴팍으로 스며든다

죽은 아포롱
- 이상(李箱) 그가 떠난 날에

오늘은 3월 열이렛날
그래서 나는 망각(忘却)의 술을 마셔야 한다.
여급(女給) '마유미'가 없어도
오후 세시 이십오분에는
벗들과 '제비'의 이야기를 하여야 한다.

그날 당신은
동경제국대학 부속병원에서
천당(天堂)과 지옥(地獄)의 접경으로 여행을 하고
허망한 서울의 하늘에는 비가 내렸다.

운명이여
얼마나 애태운 일이냐.
권태와 인간의 날개
당신은 싸늘한 지하에 있으면서도
성좌(星座)를 간직하고 있다.

정신의 수렵을 위해 죽은
'랭보'와도 같이
당신은 나에게
환상과 흥분과
열병과 착각을 알려주고
그 빈사(瀕死)의 구렁텅이에서
우리 문학에
따뜻한 손을 빌려준
정신의 황제

무한한 수면(垂面)
반역과 영광
임종의 눈물을 흘리며 결코
당신은 하나의 증명을 갖고 있었다.
'이상(李箱)'이라고.

세월이 가면

지금 그 사람의 이름은 잊었지만
그의 눈동자 입술은 내 가슴에 있어.

바람이 불고 비가 올 때도
나는 저 유리창 밖
가로등 그늘의 밤을 잊지 못하지.

사랑은 가고 과거는 남는 것
여름날의 호숫가
가을의 공원
그 벤치 위에 나뭇잎은 떨어지고
나뭇잎은 흙이 되고
나뭇잎에 덮여서
우리들 사랑이 사라진다 해도

지금 그 사람 이름은 잊었지만
그의 눈동자 입술은 내 가슴에 있어

내 서늘한 가슴에 있건만.

■ 김기태의 초판본 이야기

시인은 한탄할 그 무엇이 무서워 그렇게 빨리 떠난 것일까?

_ 박인환 시집 / 선시집(選詩集) / 산호장 / 1955년 10월 15일 발행

짧은 생을 모던하게 살다 간 시인 박인환의 생애와 작품 활동

준수한 용모에다 180cm의 훤칠한 키에 양복이 매우 잘 어울리는 멋쟁이로 유명했던 박인환(朴寅煥, 1926~1956) 시인은 1926년 8월 15일 강원도 인제에서 4남 2녀 중 장남으로 태어났다. 아버지는 당시 면사무소 직원이었고 인제공립보통학교에 입학해서 다니다가 열한 살 때 아버지를 따라 상경하여 1939년 서울 덕수공립소학교를 졸업했다. 이후 경기공립중학교에 입학했으나 1941년 자퇴하고(영화에 심취해 있던 중학생 박인환이 영화관을 드나들다 교칙 위반으로 학교를 그만뒀다는 설도 있다), 한성학교를 거쳐 1944년 황해도 재령의 명신중학교를 졸업했다. 그해 3년제 평양의학전문학교에 입학했지만 이듬해 광복을 맞아 학업을 그만두고 서울로 가서 '마리서사(茉莉書肆)'라는 이름의 서점을 열었다. 어쨌든 번듯한 학업을 내치고 서울 시내 한복판에 서점을 낸 것은 책을 팔아 돈을 벌겠다는 생각보다는 시인이 되기를 소망했던 박인환 스스로 문단의 여러 인사들과 사귀기 위한 방편이었던 것으로 보인다. 부모와 친지의 도움을 받아 파고다공원 정문에서 동대문 쪽으로 얼마 떨어지지 않은 낙원동 입구에 20평 남짓한 크기의 서점

을 냄으로써 시인을 향한 첫 발을 내디딘 것이다.
실제로 박인환은 서점을 운영하면서 김광균(金光均)·김경린(金璟麟)·김수영(金洙暎)·오장환(吳章煥)·이한직(李漢稷) 등과 교류하면서 비로소 시인으로서의 기반을 다져나갔다. 그의 본격적인 문학 활동은 1946년에 시「거리」를《국제신보》에 발표하면서부터 시작되었다. 1947년에는 시「남풍」, 영화평론「아메리카 영화시론」을《신천지》에, 1948년에는 시「지하실(地下室)」을《민성(民聲)》에 발표했다.
1948년, 운영난을 이기지 못해 마리서사의 문을 닫은 박인환은 당시 손님으로 서점을 드나들었던 진명여고 농구부 출신의 이정숙(李丁淑)과 덕수궁 석조전에서 결혼식을 올렸다. 부인이 조선 왕족이어서 궁궐 결혼식이 가능했다고 한다. 그해 자유신문사, 이듬해에 경향신문사에 입사하여 기자로 근무했다. 아울러 문학 운동도 활발하게 펼쳤다. 1948년에는 김병욱(金秉旭)·김경린 등과 동인지《신시론(新詩論)》을 발행했으며, 1949년에는 김수영·김경린·양병식(梁秉植)·임호권(林虎權) 등과 함께 합동시집『새로운 도시와 시민들의 합창』을 펴냈다.
1950년, 6·25전쟁이 터졌을 때 피난을 가지 못해 지하에 숨어 사느라 고생한 박인환은 9·28 서울 수복 뒤 경향신문 종군기자로 활동하다가 1951년 1·4후퇴 때에는 피난을 서두른다. 그는 종군기자로 대구와 부산을 오가며 김규동(金奎東)·김차영(金次榮)·이봉래(李奉來) 등과 피난지 부산에서 '후반기(後半紀)' 동인을 결성하여 모더니즘운동을 전개하기도 했다. 1952년《주간국제》의 '후반기 문예 특집'에 발표한「현대시의 불행한 단면」같은 도전적인 글을 발표함으로써 당대 문인들을 당혹스럽게 만들기도 했다.
1952년 박인환은 경향신문사를 그만두고 처삼촌의 주선으로 대한해운공사에 입사한다. 대한해운공사에 다니는 동안 그는 시「살아 있는 것이 있다면」,「어떠한 날까지」등을 발표한다. 환도령(還都令)과 함께 서울로 돌아온 박인환은 1955년 봄, 화물선 '남해호'의 사무장 자격으로 미국과 태평양 연안을 여행하고 돌아와 조선일보에 기행문「19일간의 아메리카」와 연작시「아메리카 시초(詩抄)」등을 발표했다. 이후 대한해운공사에서 퇴직한 박인환은 한동안 시작(詩作)에만 몰두한 끝에 그해 10월 첫 시집 『선시집』을 펴냈다. 이 시집에는 박인환의 작품이 망라되어 있으며 특히 대표작으로 꼽히는 「목마와 숙녀」는 우울과 고독 등 도시적 서정과 시대적 고뇌를 노래하고 있어 널리 알려졌다. 1956년 세상을 떠나기 직전 쓴 것으로 알려진 「세월이 가면」은 노래로 만들어져 널리 불리기도 했다. 1976년 그의 20주기를 맞아 장남 박세형(朴世馨) 등 가족이 시집 『목마와 숙녀』를 발행한 바 있다.

생전에 남긴 유일한 시집 『선시집』의 이모저모

『선시집』은 1955년 장만영(張萬榮, 1914~1975) 시인이 운영하던 출판사 산호장(珊瑚莊)에서 발행한 박인환의 첫 시집이자 생전에 나온 유일한 시집이다. 원래 양장제본으로 1955년 10월 15일을 발행일로 하여 출간되었으나 출판사 화재로 인해 기증본 몇 부를 제외하고 모두 소실(燒失)되어 1956년 1월에 호부장(糊附裝; 제본할 때, 철사를 써서 책·잡지 등을 매고 표지를 씌우는 제본 방식) 제책 방식으로 다시 찍었다. 다만, 간기면에는 발행일을 소실된 초판 그대로 표기했다고 한다. 책 크기는 가로 150mm, 세로 195mm이며 본문 239쪽에 걸쳐 56편의 시가 4부로 나뉘어 실려있고, 말미에 작자의 후기(後記)가 있다.

먼저 표지를 보면 앞뒤 표지와 날개까지 모두 어두운 녹색 계열의 추상화가 바탕에 깔려 있고, 앞표지 상단에 한자로 두 줄에 걸쳐 이름과 시집 제목 '朴寅煥(박인환)/選詩集(선시집)'이 손글씨로 표기되어 있다. 누구의 글씨일까 궁금했는데 표지를 넘겨보고 나서 그 의문이 바로 풀렸다. 앞표지 다음에 나오는 면지(面紙)에 사람인지 장소인지 무엇을 가리키는지 알 수 없지만 '용장(容章)이'라는 문구와 함께 시인이 자기 이름을 자필로 써놓았는데, 그 필체가 표지의 그것과 같았기 때문이다. 곧 박인환 시인이 시집 제목을 직접 써넣은 것으로 보인다.

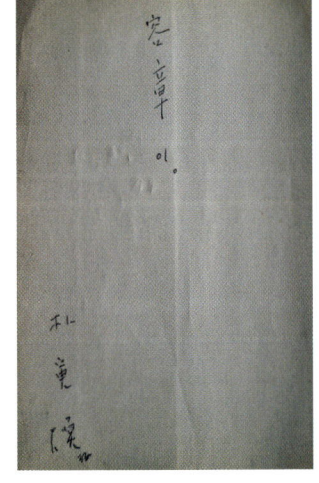

면지를 넘기면 속표지가 나온다. 여기에는 상단에 시집 제목과 시인 이름이 활자체로 인쇄되어 있고, 하단에는 1955년에 서울 산호장에서 간행되었다는 사실이 새겨져 있다. 그 다음 쪽에는 같은 내용의 영문 속표지가 나온다. 그리고 영문 속표지 뒷면을 보면 상단 중앙에 세로로 "아내 丁淑(정숙)에게 보낸다"는 헌사(獻詞)가 담겨 있다.

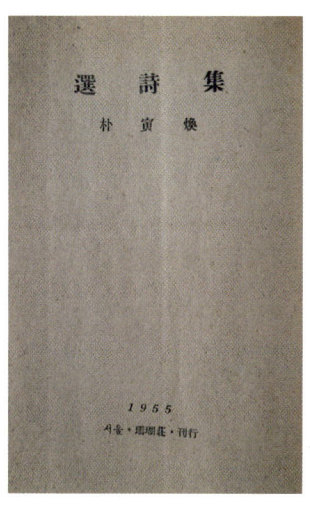
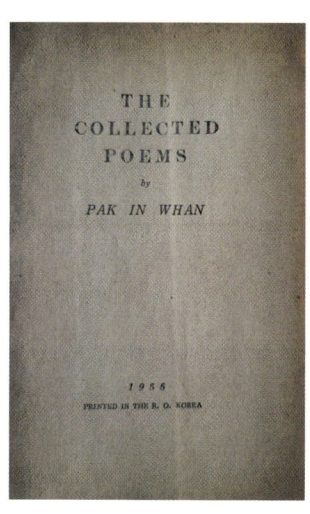

그 다음으로 제목만 세로로 인쇄된 속표지가 한번 더 나오고, 그 뒷면부터 6쪽에 걸쳐 목차가 자리 잡고 있다. 목차를 보면 모두 4부에 걸쳐 56편의 제목이 해당 쪽수와 함께 표기되어 있다.

제1부 '서적(書籍)과 풍경(風景)'에는 「세 사람의 가족」·「최후의 회화」·「낙하(落下)」·「영원한 일요일」·「눈을 뜨고도」·「행복」·「미스터 모(某)의 생과 사」·「목마(木馬)와 숙녀(淑女)」·「센치멘탈 쨔아니」 등 26편, 제2부 '아메리카 시초(詩抄)'에는 「태평양에서」·

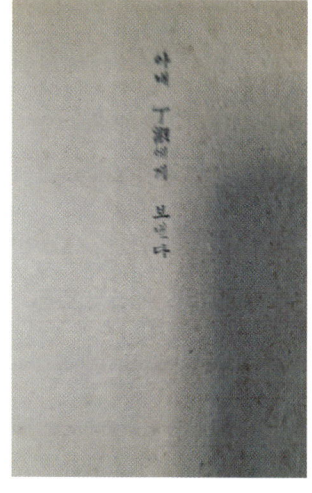

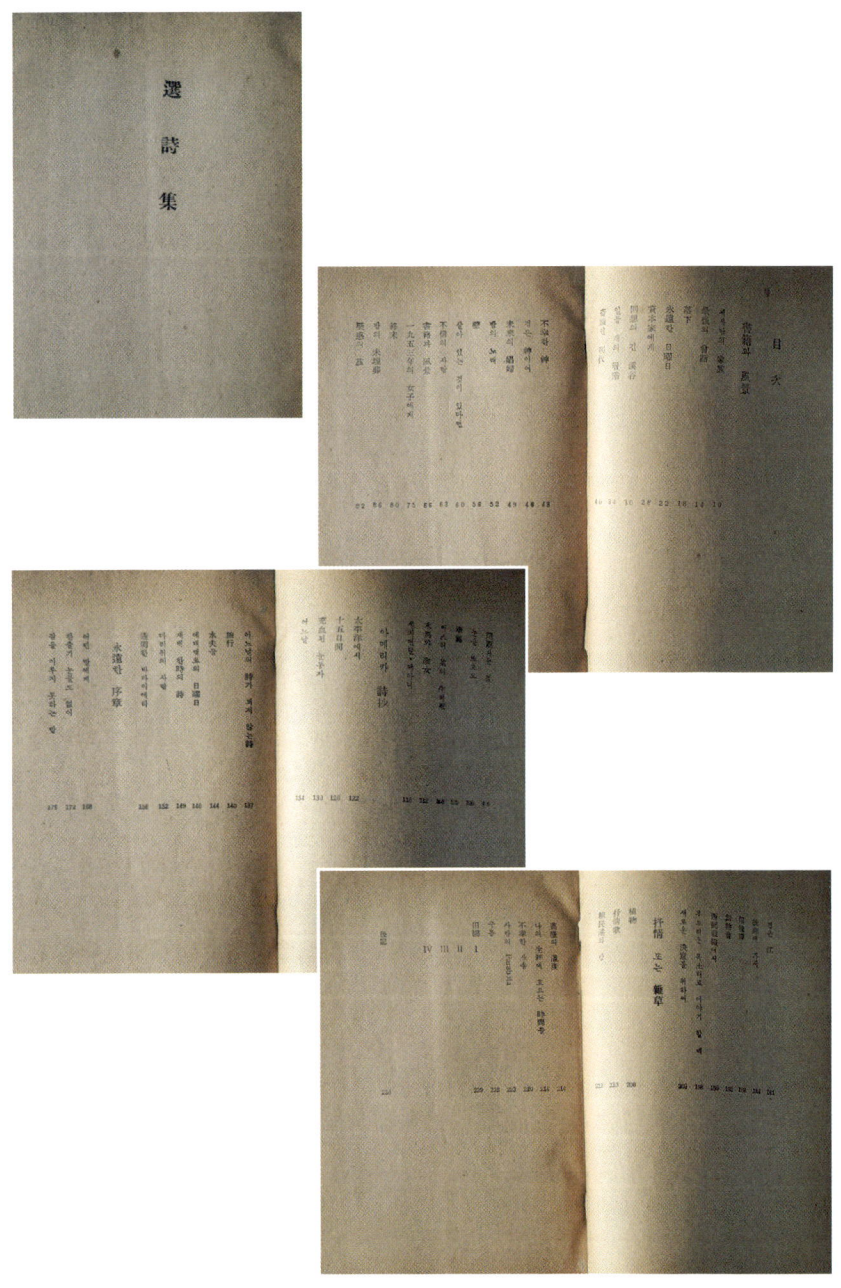

「십오일간」·「충혈(充血)된 눈동자」·「다리 위의 사람」·「투명(透明)한 바라이에티」 등 11편, 제3부 '영원한 서장(序章)'에는 「어린 딸에게」·「한줄기 눈물도 없이」·「잠을 이루지 못하는 밤」·「검은 강」·「서부전선(西部戰線)에서」·「부드러운 목소리로 이야기할 때」·「새로운 결의(決意)를 위하여」 등 11편, 제4부 '서정(抒情) 또는 잡초(雜草)'에는 「식물(植物)」·「서정가(抒情歌)」·「식민항(植民港)의 밤」·「불행한 샨송」·「사랑의 Parabola」·「전원(田園)」 등 9편이 각각 실려 있다.

이 시집에 수록된 시편들은 대체로 1950년대의 도시적 우울과 감상을 신선하고 리듬감 있는 언어로 노래하고 있다는 점이 특징이다. 대표작으로 널리 알려진 「목마와 숙녀」에서 이런 특징이 잘 나타나고 있는데, 이 작품에서는 도시적인 비애와 우울을 서정적인 심상(心象)들과 결합시켜 속도감 있게 표현하고 있다. 다분히 서구적 감수성과 분위기를 강하게 풍기면서

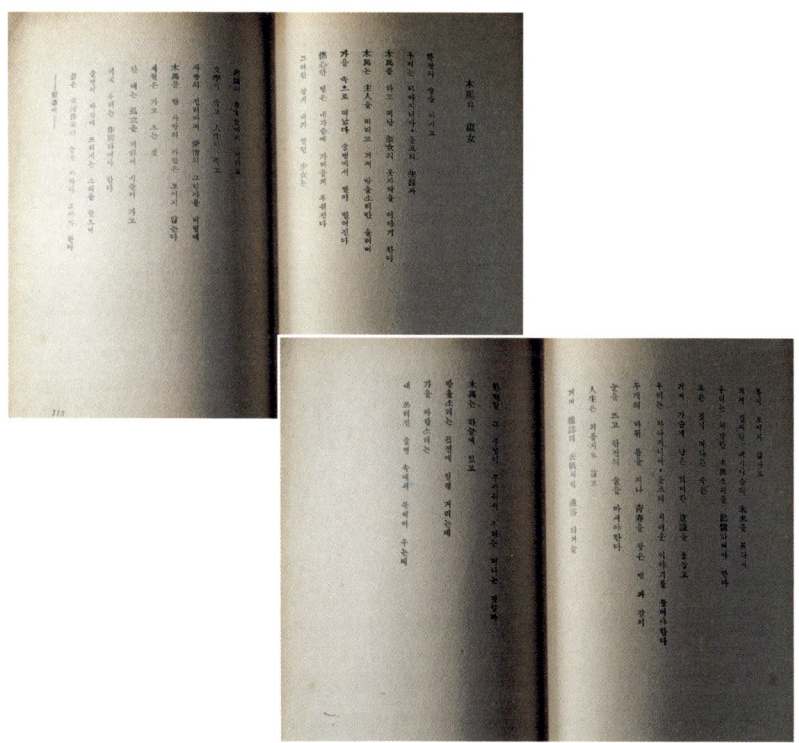

도 전후(戰後)의 어두운 현실과 풍속을 서정적으로 묘사하고 있어 독자들의 폭넓은 공감을 불러일으켰다. 이 시집에 실린 「목마와 숙녀」의 원문을 그대로 옮기면 다음과 같다.

木馬와 淑女

한잔의 술을 마시고
우리는 바아지니아•울프의 生涯와
木馬를 타고 떠난 淑女의 옷자락을 이야기 한다
木馬는 主人을 버리고 거저 방울소리만 울리며
가을 속으로 떠났다 술병에서 별이 떨어진다
傷心한 별은 내가슴에 가벼웁게 부숴진다
그러한 잠시 내가 알던 少女는
庭園의 草木옆에서 자라고
文學이 죽고 人生이 죽고
사랑의 진리마저 愛憎의 그림자를 버릴때
木馬를 탄 사랑의 사람은 보이지 않는다
세월은 가고 오는 것
한 때는 孤立을 피하여 시들어 가고
이제 우리는 作別하여야 한다
술병이 바람에 쓰러지는 소리를 들으며
늙은 女流作家의 눈을 바라다 보아야 한다
…… 燈臺에 ……
불이 보이지 않아도
거저 간직한 페시마슴의 未來를 위하여
우리는 처량한 木馬소리를 記憶하여야 한다
모든 것이 떠나든 죽든
거저 가슴에 남은 희미한 意識을 붙잡고
우리는 바아지니아•울프의 서러운 이야기를 들어야한다
두개의 바위 틈을 지나 靑春을 찾은 뱀과 같이
눈을 뜨고 한잔의 술을 마셔야한다
人生은 외롭지도 않고

거저 雜誌의 表紙처럼 通俗 하거늘
한탄할 그 무엇이 무서워서 우리는 떠나는 것일까
木馬는 하늘에 있고
방울소리는 귓전에 철렁 거리는데
가을 바람소리는
내 쓰러진 술병 속에서 목매어 우는데

특히 이 시집은 흔히 '청록파(靑鹿派)'로 대변되던 전원(田園) 탐구 혹은 자연 회귀(回歸)의 시풍(詩風)에 대한 반발로도 읽힌다. 『청록집』이 자연을 고풍스럽고 토속적인 정서에 기반하여 노래함으로써 공감을 얻었다면, 박인환 시집에 실린 작품들은 도시 문명을 대상으로 삼아 비유와 상징 등을 적절히 구사함으로써 모더니즘 시를 지향했다는 점에서 의미가 있다.
『선시집』을 제대로 펴낸 것을 기념하여 1956년 1월에는 출판기념회가 열렸다. 백석(白石, 1912~1996) 시인이 축사를 했고, 배우 노경희(盧耕姬, 1929~1995)가 시낭송을 했으며, 가수 현인(玄仁, 1919~2002)이 축가를 불렀다고 한다. 가을에는 우윳빛 레인코트를, 겨울에는 러시아풍의 깃 넓고 기다란 잿빛 외투 입기를 즐겼던, 완벽한 차림으로 올바른 정신을 잃지 않으려 노력했던 시인의 생각은 이 시집 본문 마지막에 실려있는 '후기(後記)'에 잘 나타나 있다. 그 내용을 살펴보면 다음과 같다(띄어쓰기를 제외하고 원문 그대로 옮김).

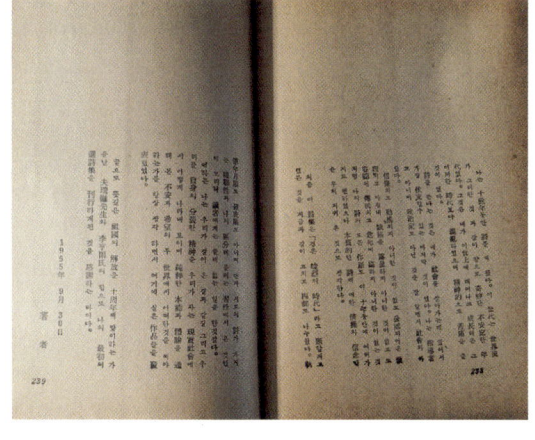

나는 10여 년 동안 시를 써왔다. 이 세대(世代)는 세계사(世界史)가 그러한 것과 같이 참으로 기묘(奇妙)한 불안정(不安定)한 연대(年代)였다. 그것은 내가 이 세상에 태어나고 성장해온 그 어떠한 시대보다 혼란하였으며 정신적으로 고통(苦痛)을 준 것이었다.
시를 쓴다는 것은 내가 사회를 살아가는 데 있어서 가장 의지(依支)할 수 있는 마지막 것이었다. 나는 지도자(指導者)도 아니며 정치가(政治家)도 아닌 것을 잘 알면서 사회와 싸웠다.
신조(信條)치고 동요되지 아니한 것이 없고 공인(公認)되어온 교리(敎理)치고 마침내 결함(缺陷)을 노정(露呈)하지 아니한 것이 없고 또 용인(容認)된 전통(傳統)치고 위태(危殆)에 임(臨)하지 아니한 것이 없는 것처럼 나의 시의 모든 작용도 이 10년 동안에 여러 가지로 변하였으나 본질적(本質的)인 시에 대한 정조(情操)와 신념(信念)만을 무척 지켜온 것으로 생각한다.
처음 이 시집(詩集)은 「검은 준열(峻烈)의 시대(時代)」라고 제(題)할려고 했든 것을 지금과 같이 고치어 4부로 나누었다. 집필연월순(執筆年月順)도 아니며 단지 서로의 시가 가지는 관련성(關聯性)과 나의 구분(區分)해 볼려는 습성(習性)에서 온 것인데 도리혀 독자(讀者)에게는 쓸데없는 일을 한 것 같다.
여하튼 나는 우리가 걸어온 길과 갈 길 그리고 우리를 자신의 분열(分裂)한 정신을 우리가 사는 현대사회에서 어떻게 나타내 보이며 순수한 본능(本能)과 체험(體驗)을 통해 본 불안(不安)과 희망(希望)의 두 세계에서 어떠한 것을 써야 하는가를 항상 생각하면서 여기에 실은 작품들을 발표했었다.
끝으로 뜻깊은 조국의 해방을 10주년째 맞이하는 가을날 부완혁(夫琓爀) 선생과 이형우(李亨雨) 씨의 힘으로 나의 최초의 선시집(選詩集)을 간행(刊行)하게 된 것을 감사(感謝)하는 바이다.

1955년 9월 30일
저자(著者)

한편, 후기에서 이 시집의 발행에 두 사람으로부터 도움을 받았다고 밝히고 있어 눈길을 끈다. 그중 '부완혁'은 일제강점기부터 관료를 거쳐 당시 조선일보 논설위원으로 있었던 인물인 듯하며, '이형우'는 어떤 인물인지 알 길이 없다.
마지막으로 간기면(刊記面)을 보면 비교적 간단하게 구성되어 있는데, 이를 통해 발행인 '장만영', 인쇄소 '청구출판사', 발행소 '산호장', 그리고 발행일과 함께 책값이 '700원'이었다는 사실을 확인할 수 있다.

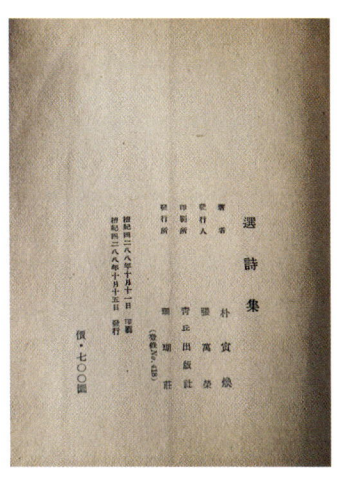

서점 마리서사 이야기

마리서사(茉莉書舍). 이미 언급한 것처럼 박인환 시인이 열아홉 살 때인 1945년 말에 차린 서점 이름이다. 서점 이름의 유래는 프랑스의 여성 시인이자 화가인 마리 로랑생(Marie Laurencin, 1883~1956)으로부터 비롯되었다. 마리 로랑생은 조르주 브라크, 파블로 피카소 등과 교유하면서 현대미술의 새로운 경향에 일찍 눈을 떴고, 시인 기욤 아폴리네르(Guillaume Apollinaire, 1880~1918)의 연인으로 장 콕토, 앙드레 지드 등과도 함께 어울리면서 프랑스 예술계의 중심에 서 있었다. 박인환은 마리 로랑생의 자유분방한 예술가적 기질에 매료되어 그의 이름을 따 서점 이름을 지은 것이다. 실제로 《女苑》 1956년 2월호에 실린 「회상/우리의 약혼시절_환경에의 유혹」이라는 글에서 박인환은 "우리는 그때 '아포리겔'(기욤 아폴리네르)의 시를 많이 읽었습니다. '미라보 다리 아래 세느강이 흐르고 나의 청춘이 흐른다. 세월은 흐르고 나는 남는다'라는 그것이 좋아서 밤이면 함께 거닐 때 암송도 했었습니다. 나는 그를 되도록이면 정서의 세계에 접근시키려고 애썼고 그러한 것을 아내 될 사람이 또한 즐겼기 때문에 무척 마음이 행복했었습니다."라고 썼다. 마리 로랑생과 더불어 연인 기욤 아폴리네르의 영향도 함께 받았음을 밝히고 있는 것이다.

박인환은 유난히도 책을 좋아했다. 위의 같은 글에서 책에 대해 다음과 같이 쓰고 있는 것만 보아도 그가 얼마나 책을 즐겨 읽었는지 알 수 있다.

> 나는 그 무렵 책을 많이 읽었습니다. 그리고 다 읽고 난 책은 반드시 상대에게 빌려주고 남자를 이해하고 함께 오래 살아가려면 내가 본 책을 반드시 읽어달라고 권했습니다.
> 며칠 후면 독후감을 이야기하는 것입니다. 그것이 화제가 되어 우리는 서적의 인물이나 작가의 의도와 사상에 관해 참으로 진지한 의견도 교환하였습니다. 물론 다른 약혼자들도 그러할 줄 아오나 좋은 일을 나도 했고나 하고 자찬을 합니다.
> 얼마 전 내 아내는 "요즘 나는 당신과 거리가 멀어진 것 같소."
> 하기에 나는,
> "당신은 어린애도 기르고 살림이 고된 까닭에 책을 보지 못해서 그런 게 아니요?"
> 라고 대답을 하였습니다.

서점 마리서사는 20평 남짓한 작은 규모였지만 서구예술과 문학 관련 책이 많다는 소문에 얼마 지나지 않아 예술가들이 모이는 종로의 명소가 되었다. '마리 로랑생'의 이름에서 '마리'를 가져왔지만 이를 한자로 표기하기에 적당한 단어를 찾던 박인환은 일본 모더니즘 계열 시인 안자이 후유에[安西冬衛, 1898~1965]의 시집 '군함 말리(軍艦茉莉)'에서 '말리(茉莉)'를 '마리'로 차용했다.

마리서사에서는 신간(新刊)뿐만 아니라 중고(中古) 도서를 함께 취급했다. 광복 후 혼란기 속에서 국내 도서의 발행이 활발하지 못한 탓도 있었기에 일본어판 세계문학전집이나 일본에서 간행된 세계 여러 문인의 시집과 소설집, 그리고 화집(畵集)이 서가를 장식했다. 이내 당대의 쟁쟁한 문인이었던 김기림, 김광균, 오장환, 이시우, 이한직, 이흡 등이 단골손님이 되었고, 청년 문사(文士)였던 김수영, 양병식, 임호권 등도 이 서점을 드나들면서 박인환과 교분을 쌓았다. 새로운 경향의 미술에 눈을 뜬 화가들도 드나들었고, 영화인들도 모여들었다. 김수영 시인은 수필「마리서사」에서 당시의 서점 분위기를 가리켜 "우리 문단에도 해방 이후 짧은 시간이기는

했지만 가장 자유로웠던, 좌우의 구별 없던, 몽마르뜨 같은 분위기가 있었다."고 술회했다. 문학을 열망해서 책방을 차렸던 청년 박인환은, 당시 한낱 시인 지망생에 불과했던 박인환은 마리서사에서 당대의 모더니스트를 자처하며 자유분방하게 자기 세계를 만들어 갔던 예술가들과 어울리면서 특유의 문학적 기반을 쌓을 수 있었던 것이다.

특히 당시 첨예하게 대립하고 있던 좌우 문단의 분위기와 달리 마리서사에 모여든 예술가들은 자유롭게 제2차 세계대전 이후 전개될 새로운 예술적 경향에 관심을 두고 있었다. 이렇게 마리서사는 광복 후 새로운 예술적 경향이 무르익는 마당이 되었다. 그리하여 1930년대 김기림(金起林, 1907~2000) 등에 의해 한반도에 뿌리를 내렸던 모더니즘 시운동의 기운이 문단의 새로운 세대에게 이어지는 계기를 마련했다는 점에서 '마리서사'라는 공간에 의미를 부여할 수 있겠다. 하지만 박인환은 경제적으로 경영난에 허덕이다 개점 후 3년이 채 되지 않은 1948년에 마리서사의 문을 닫고 말았다. 사람들은 많이 찾아왔지만 책이 많이 팔리지는 않았던 탓이었다. 다만, 수많은 예술가들과의 교분과 더불어 평생의 배필을 만났으니 손해만 본 것은 아니었다.

박인환과 김수영의 애증 관계 혹은 문학적 갈등

마리서사의 단골손님 중에 박인환과 어울리면서 함께 문학적 열정을 키운 인물로 김수영(金洙暎, 1921~1968) 시인을 빼놓을 수 없다. 박인환보다 다섯 살 위인 김수영은 수필 「박인환」에서 "그처럼 재주 없고, 그처럼 시인으로서 소양이 없고, 그처럼 경박하고, 그처럼 값싼 유행의 숭배자가 없었다"라고 박인환을 회고한 바 있다. 좀더 들어가보면 다음과 같은 글 속에 김수영의 본심이 담겨 있다.

> 나는 인환을 가장 경멸한 사람의 한 사람이었다. 그처럼 재주가 없고 그처럼 시인으로서의 소양이 없고 그처럼 경박하고 그처럼 값싼 유행의 숭배자가 없었기 때문이다. 그가 죽었을 때도 나는 장례식에를 일부러 가지 않았다. 그의 비석을 제막할 때는 망우리 산소에 나간 기억이 있다. 〈중략〉
> 인환! 너는 왜 이런, 신문 기사만큼도 못한 것을 시라고 쓰고 갔다지? 이 유

치한, 말발도 서지 않는 후기. 어떤 사람들은 너의 '목마와 숙녀'를 너의 가장 근사한 작품이라고 생각하는 모양인데, 내 눈에는 '목마'도 '숙녀'도 낡은 말이다. 네가 이것을 쓰기 20년 전에 벌써 무수히 써먹은 낡은 말들이다. '원정(園丁)'이 다 뭐냐? '배코니아'가 다 뭣이며 '아포롱'이 다 뭐냐? 〈이하 생략〉

- 김수영 산문 「박인환」 중에서

얼핏 표면적으로만 보면 박인환을 헐뜯는 듯하지만, 사실 이 글은 박인환이 세상을 떠난 뒤 그의 영전(靈前)에 바친 우정어린 만사[輓詞, 죽음을 애도하는 글. 만장(輓章)이라고도 함]로 읽어야 한다. 박인환 시인에 대한 절대적인 애정과 신뢰를 바탕으로 쓴 글이기 때문이다. 나중에 "시여 침을 뱉으라"고 갈파했던 김수영은 당시에는 문학적 동반자였고 술친구였던 박인환과 자주 서울 명동거리에서 어울렸다. 두 사람은 1949년에 김경린, 임호권, 양병식 등과 발간한 합동시집 『새로운 도시와 시민들의 합창』에 함께 참여하기도 했다. 동인(同人) 활동을 같이할 정도면 어떤 식으로든 통하는 사이였다고 보는 것이 옳지 않을까.

하지만 박인환은 같이 참여한 합동시집에 김수영이 발표한 「공자(孔子)의 생활난」이란 시와 1945년 《예술부락》에 발표한 김수영의 등단작 「묘정(廟庭)의 노래」를 매우 싫어했다. 두 사람은 해방 이후 같은 모더니즘을 추구했지만, 이처럼 시의 실질적인 바탕은 달랐다. 나아가 김수영은 영어 실력이 뛰어나서 서양 책을 통해 모더니즘에 눈을 떴으며, 강원도 인제 출신으로 평양의전에서 공부하다 서울로 와 '모더니스트' 행세를 하는 박인환이 싫었다.

김수영은 좋아하는 책을 읽고 나면 집에 두지 않는 버릇이 있었는데, 그것은 자신이 그것을 흉내 낼지도 모른다는 압박감 때문이었다. 그 책들을 마리서사에 팔려 갈 때면 박인환이 쓴 시를 읽는 경우가 종종 있었는데, 그때 김수영은 파격적인 시어(詩語)를 즐겨 쓴 박인환의 시에서 알게 모르게 영향을 받았을지도 모르겠다. 한편으로 김수영은 박인환이 마리서사를 차릴 때 도움을 준 초현실주의 화가 박일영(朴一英)을 존경해마지 않았다. 박일영은 극장 간판을 그리며 생계를 유지하던 화가였는데, 박인환은 그로부터 진정한 전위예술(前衛藝術)과 모더니즘의 본질이라든가 세상을 진단하는 예술가의 양심 등은 배우지 않고, 겉멋만 들었다고 보았다(아마도 『선시집』의 표지그림을 그린 이가 박일영이 아니었을까 짐작해본다). 심지어 나중에는 박인환을 요절한 천재 시인으로 평가하는 문단의 분위기에 공감하지 않았다. 평론 「참여시의 정리」에서는 4·19혁명 이후 이른바 참여시가 정치이념 또는 행동주의로 기우는 것을 경계하면서, 박인환이 주도한 모더니즘 시운동을 실패의 사례로 들고 있다. 그러면서도(박인환 전문가 맹문재 시인에 따르면) 김수영은 "좌우 이념의 구별이 없고 글 쓰는 사람과 그 밖의 사람들의 문명(文名)이 아니라 인간성을 중심으로 어울릴 수 있는 마리 서사를 마련해준 면"에서는 박인환의 모더니즘 시운동과 함께 새로운 시어의 사용에 대한 박인환의 열정도 인정하고 있다.

또 다른 일화도 있다. 김수영 시인이 전쟁포로가 되었다가 거제 포로수용소에서 나온 뒤 어느 날 박인환이 보여주는 시를 읽게 되었는데, 작품에 쓰인 어색한 낱말을 지적하자 박인환이 "이건 네가 포로수용소 안에 있을 동안에 새로 생긴 말이야."(수필 「박인환」 중에서)라고 반격한 일이 있었다고 한다. 김수영은 박인환의 그런 언행에 증오심을 품으면서도 시어에 대한 열정만은 받아들일 수밖에 없었단다. 이처럼 박인환의 새로운 시어에 대한 열정으로부터 영향을 받았다는 사실은 김수영이 박인환을 호명한 시 「거대한 뿌리」에서도 찾아볼 수 있다. 김수영은 이 작품에서 '김병욱'과 '비숍 여사', 그리고 "요강, 망건, 장죽, 종묘상, 장전, 구리개 약방, 신전/피혁점, 곰보, 애꾸, 애 못 낳는 여자, 무식쟁이" 등의 시어를 의도적으로 쓰고 있다. 박인환이 추구한 모더니즘 시어에 민중성을 보태어 "썩어 빠진 대한민국이/괴롭지 않다 오히려 황송하다 역사는 아무리/더러운 역사라도 좋다"고 읊고 있는 것이다. 김수영은 일제강점기에 일본 대학을 다니면서도 4년 동안 제철회사에서 일한 김병욱(金秉旭), 그리고 영국 왕립 지리학회 회원으로서 65세를 넘긴 나이에 조선을 네 차례나 방문한 이사벨라 버드 비숍(Isabella Bird Bishop, 1831~1904)으로부터 큰 영향을 받았는데, 박인환의 시어 인식을 수용해 이를 작품 속에서 확장한 것이다.

어쨌든 박인환은 자신 역시 어려운 여건이었음에도 김수영의 비아냥에 아랑곳하지 않고 김수영에게 밥과 술을 자주 샀고, 김수영 몰래 그의 부인에게 생활비를 보태주기도 했다. 이 같은 두 사람의 애증 관계에 대해 정일근 시인은 이렇게 표현하고 있다.

> 그건 시를 떠난 인간의 문제일 것이다. 김수영은 자신보다 다섯 살 아래의 박인환의 재능이 부러웠을 것이고, 고향을 떠나 서울로 온 박인환은 김수영을 형처럼 의지했을 것이다. 둘 다 콤플렉스 문제가 있었지만, 김수영은 감추지 못했고 박인환은 잘 감추었던 것이 아닐까. 아까운 것은 두 사람이 오래 살지 못하고 서른 살, 마흔다섯 살에 각각 세상을 떠나버려 정겨운 후일담이 문학판에 만들어지지 않았다는 것이다.
> － 《경남대학보》, [정일근의 발밤발밤] "창동에 인환의 '마리서사'가 문을 연다면" 중에서

이제 2026년이면 『선시집』이 세상에 나온 지, 그리고 박인환 시인이 하늘로 간 지 70년이 된다. 인생을 통속적인 대중 잡지의 표지에 지나지 않는다고 노래한 박인환은 시인 이상(李箱)을 좋아했다. 술은 조니 워커 위스키를 즐겨 마셨고, 담배는 카멜(CAMEL)을 주로 피웠다. 이상의 기일(忌日)인 1956년 3월 17일 오후부터 가까운 사람들과 함께 이상 시인을 기리며 술을 마시기 시작했다(이상이 실제로 세상을 떠난 것은 1937년 4월 17일 새벽이다). 이렇게 시작된 폭음(暴飮)은 사흘 동안 이어졌고, 결국 3월 20일 밤 9시경 종로구 세종로 135번지(지금의 교보빌딩 부근) 자택에서 급성 알콜중독성 심장마비로 세상을 떠났다(자택이 아닌 광화문 거리에서 사망했다는 설도 있다). 그의 나이 서른 살이었다. 이상 시인을 그리다 그이처럼 요절(夭折)했던 것이다. 박인환은 아내와 어린 자녀들(세형, 세화, 세곤)을 못 잊어 그랬는지 차마 눈을 감지 못했다고 한다. 박인환의 장례식에서 동료 문인들은 그의 관 속에 조니 워커 위스키와 카멜 담배를 넣어주었다.

그가 세상을 떠난 지 20년이 지난 1976년에 가족들은 『선시집』에 수록된 시 56편 중 54편과 유작(遺作) 등 미수록 시 7편 등 모두 61편의 시가

실린 시집『목마와 숙녀』를 펴냈다. 이 시집에는 박인환 시인이 세상을 떠나기 직전에 쓴 것으로 알려진「세월이 가면」도 실려 있다. 박인환 생전에 이진섭이 작곡하고 이후 나애심 등 여러 가수가 불러 유명해진 이 작품은「목마와 숙녀」와 함께 박인환의 대표작으로 남았다.

그가 태어난 강원도 인제군 인제읍 상동리에는 2012년에 개관한 [박인환문학관]이 있다. 광화문 혹은 을지로 골목 대폿집에서 아직도 그를 만날 수 있다면 얼마나 멋진 세상일까. 생애의 마지막 시점에서 "그 사람 이름은 잊었지만 그 눈동자 입술은 내 가슴에 있어"라고 노래했던 박인환 시인이 그리운 날이다.

***
우리 국민시인 박인환 시인과의 동행이 끝났습니다.
따라쓰기 여정을 마무리하면서 느낀 점이나 박인환 시인에게 하고 싶은 말을 뒷면에 나오는 엽서에 편지로 써보세요. 박인환 시인과의 아름다운 인연이 오래도록 당신을 기분 좋게 해주는 행복한 기억으로 남아 있기 바랍니다.

아래의 엽서에 편지를 작성한 다음 촬영한 이미지 파일을
이메일(fbi2024@naver.com)로 보내주시면
초판본·창간호 전문서점 및 출판사 [처음책방] 공식 블로그에 게시하고,
책방지기가 고른 책 한 권을 보내드리겠습니다.